BEI GRIN MACHT SICH IHR WISSEN BEZAHLT

- Wir veröffentlichen Ihre Hausarbeit, Bachelor- und Masterarbeit

- Ihr eigenes eBook und Buch - weltweit in allen wichtigen Shops

- Verdienen Sie an jedem Verkauf

Jetzt bei www.GRIN.com hochladen und kostenlos publizieren

Bibliografische Information der Deutschen Nationalbibliothek:

Die Deutsche Bibliothek verzeichnet diese Publikation in der Deutschen National-
bibliografie; detaillierte bibliografische Daten sind im Internet über http://dnb.d-
nb.de/ abrufbar.

Impressum:

Copyright © 2016 GRIN Verlag, Open Publishing GmbH
Druck und Bindung: Books on Demand GmbH, Norderstedt Germany
ISBN: 9783668298637

Dieses Buch bei GRIN:

http://www.grin.com/de/e-book/339826/erfolgreich-fuehren-und-zusammenarbeiten-
richtiger-umgang-mit-demotivation

Marina Zuber

Erfolgreich führen und zusammenarbeiten. Richtiger Umgang mit Demotivation und Vertrauensverlust in Unternehmen

GRIN Verlag

Präsentation zum

Thema

Erfolgreich führen & zusammenarbeiten

**aus den Handlungsbereichen
Mitarbeiterführung & Qualifizierung /
Führung & Personalmanagement**

**Mündliche Prüfung / Situationsbezogenes Fachgespräch
zum geprüften Handelsfachwirt IHK 2015**

Gliederung

1   Ausgangssituation

Die Firma Kaufland Stiftung & Co. KG in Kulmbach hat derzeit 50 Mitarbeiter, ist ein modernes und attraktives Einzelhandelsunternehmen in Bayern. Kaufland gehört als Einzelhandelskette zur Schwarz-Stiftung mit Sitz in Neckarsulm, in Europa sind ca. 1200 Warenhäuser angesiedelt in Deutschland davon ca. 640. Kaufland vertreibt neben Herstellermarken auch zahlreiche preisgünstigere Handelsmarken, sowie die Eigenmarke K- Classic und Exquist.

Die eigentlichen Führungsgrundsätze des Unternehmens stellen sich wie fo gt im Leitbild dar:

Unser Leitbild

- Wir schaffen ein Klima, mit dem wir Initiative und Leistungsbereitschaft, Spaß und Zufriedenheit bei der Arbeit ermöglichen.
- Wir befähigen unsere Mitarbeiter dazu, verantwortlich und erfolgreich in unserem Unternehmen zu arbeiten und fördern ihre Entwicklung.
- Wir sind uns bewusst, dass jeder von uns durch seine Vorbildfunktion dazu beiträgt, unsere Leit- und Grundsätze der Führung mit Leben zu füllen.

Führungsgrundsätze Kaufland	Verhaltensgrundsätze Kaufland
✗ Zielvereinbarungen treffen ✗ Vertrauen der Mitarbeiter ✗ Fairness ✗ Verlässlichkeit ✗ Lob – Anerkennung – Kritikfähigkeit ✗ Vorgesetzter = Vorbild ✗ Offenheit	• Wir verhalten uns so, dass wir als attraktiver Arbeitgeber bekannt und geschätzt sind. • Wir besetzen offene Stellen vorrangig aus eigenen Reihen • Wir entscheiden durch professionelle Auswahlverfahren über die Besetzung von Stellen. • Wir treffen Einstellungsentscheidungen immer im 4-Augen-Prinzip unter Beteiligung des unmittelbaren Vorgesetzten. • Wir begrüßen neue Mitarbeiter am ersten Arbeitstag mit Aufmerksamkeit und gut vorbereitet. • Wir arbeiten jeden Mitarbeiter qualifiziert für seine Tätigkeit und Funktion ein. • Wir stellen mit regelmäßigen Feedback-Gesprächen den Einarbeitungserfolg fest. • Wir schaffen Arbeitszeit, -rahmenbedingungen, die unseren

	Mitarbeitern die Vereinbarkeit von Beruf, Familie und Freizeit ermöglichen. • Wir vergüten die Leistung und das Engagement unserer Mitarbeiter der Position und der Arbeitsmarktsituation entsprechend angemessen. • Wir führen mit jedem Mitarbeiter in regelmäßigen Abständen Beurteilungsgespräche über Leistung, Verhalten und Entwicklung im Unternehmen. • Wir unterstützen und fördern unsere Mitarbeiter in ihrer fachlichen und persönlichen Entwicklung. • Wir trennen uns von Mitarbeitern einvernehmlich, fair und respektvoll.

2   Problemstellung

Derzeit zeigt sich eine starke Problematik in Bezug auf die Umsetzung der oben genannten Führungsgrundsätze. Durch die Nichteinhaltung der Verhaltensregeln der Führungskräfte entsteht:

Demotivation der Mitarbeiter

sowie

Vertrauensverlust der Mitarbeiter

Wie können diese Verhaltens- und Führungsgrundsätze erfolgreich umgesetzt werden?

Diese Frage möchte ich in dieser Präsentation näher beleuchten!

3   Definitionen

3.1   Führung = umfasst psychologisch betrachtet alle Maßnahmen von Vorgesetzten, die auf eine Kooperation, Koordination oder eine Kommunikation einer Organisation wirken

3.2   Zusammenarbeit = ist das Zusammenwirken von mindestens zwei Handlungen oder Systemen. Bsp: kooperierende Dienste, Projekte oder Peronengruppen, die einander kennen so nennt man es Vernetzung

4   Team

Einer der elementaren Begrifflichkeiten stellt der Begriff Team dar. Er stellt einen Zusammenschluss mehrerer Personen dar, die sich zur Erreichung eines bestimmten Zieles oder der Lösung eine bestimmten Problematik zusammengeschlossen haben.

4.1   Kriterien eines Team

- Es besteht mindestens aus zwei Personen
- Zur Erreichung der Ziele tragen alle mit ihren Fähigkeiten
- Die Teamidentität von den Identitäten der Mitglieder trennen
- Kommunikation im Team ist sehr wichtig
- Teamstrukturen zielorientiert und strukturiert beschreiben
- Die Effizienz des Team überprüfen

4.2   Konflikte und ihre Lösung

Beispiele aus dem Arbeitsalltag für mögliche Konfliktfelder:

- mangelnde Ressourcen
- Macht- und Karrierekämpfe
- Sympathie, Antipathie, persönliche Vorurteile zwischen den Teammitgliedern
- Überbelastung von Mitarbeitern
- Eine Arbeitsverteilung, die als ungerecht empfunden wird.
- zu hoch gesteckte und damit unerreichbare Ziele
- unklarer Projektauftrag, der nun unterschiedlich interpretiert wird.
- mangelnde Führungs- und Fachkompetenz des Vorgesetzten
- mangelnde Identifikation mit dem Unternehmen
- schlechte Planung
- unklare Aufgaben- und Kompetenzverteilung
- Meinungsverschiedenheiten über den richtigen Weg

Ein Konflikt äußert sich immer als gestörte Beziehung zwischen 2 oder mehreren Personen und als Auseinandersetzung zwischen ihnen. Konflikte haben aber unterschiedliche Ursachen. In der Praxis weiß man bei einem Konflikt häufig nicht, welche Ursache vorliegt. Man sieht nur den Konflikt. Selbst die Konfliktparteien werden das nicht immer wissen. Habe ich einen Konflikt mit XY weil ich ihn nicht leiden kann / er mich nicht leiden kann (Beziehungskonflikt) oder es es, weil wir in der Sache unterschiedlicher Ansicht sind.

Es gibt 4 Konfliktarten diese werden unterscheiden:

1.Sachkonflikte

Hier geht es um Meinungsverschiedenheiten in der Sache, die aus unterschiedlichen Kenntnisse, Erfahrungen, Vorlieben und Sichtweisen hervorgehen. Oft sind für ein Ziel mehrere technische oder organisatorische Lösungen möglich. Man kann sich aber auf keine Lösung einigen.

Beispiele:
- Welche Ziele werden mit welcher Priorität angestrebt?
- Welcher Qualitätsmaßstab soll gelten?

In diesem Fall streiten sich die Beteiligten über die richtige Methode oder über die richtige Lösungsmöglichkeit bzw. den richtigen Weg.

Beispiele:
- Schätzungen über den Zeitaufwand für Arbeiten
- Welches ist die beste Methode für die anstehende Aufgabe?
- Welche Ressourcen stehen zur Verfügung?

Sachkonflikte können sich aus in erster Linie harmlosen Meinungsverschiedenheit ganz sukzessiv zu einem Konflikt mit zunehmend emotionaler Komponente entwickeln ("Aufschaukeln"). Möglich ist aber auch, dass eine Partei sachliche Argumente vorbringt, aber absichtlich auf die emotionale Ebene der anderen Partei abzielt, um diese bewusst zu provozieren.

Wie kann man Sachkonflikten vorbeugen?

Sachkonflikte sind unumgänglich. Es ist dennoch Konfliktregelungsmechanismen zu etablieren. Zunächst sollen die Betroffenen die Sache gründlich ausdiskutieren. Da sich die Richtigkeit der persönlichen Beurteilung nur schwer objektiv bestätigen lässt, kann es dazu führen, dass keine Einigung erzielt wird. In diesem Fall muss der Vorgesetzte oder eine höhere Instanz eine Entscheidung herbeiführen.

2.Kompetenzkonflikte

Ursachen für diese Konflikte sind meist persönliche Interessen, der Kampf um Macht- und Einfluss bzw. um Karriereziele. Es geht um Themen wie:

- Wer darf was entscheiden? Wer ist wofür verantwortlich?
- Wer verhandelt mit welcher Kompetenz mit welchen Partnern?
- Wer darf welche Unterlagen einsehen? Wer verteidigt welchen Status oder welche Vorrechte?

Ständige Auseinandersetzungen sind die Folge, die die Arbeit behindern. Die Kooperation im Team klappt nicht. Informationen werden nicht weitergegeben, Zuständigkeiten sind nur unzureichend geklärt und geben Anlass für Irrtümer. Weil die Zuständigkeiten nicht eindeutig geklärt wurden, kommt es zu Doppelarbeiten oder Aufgaben werden nicht erledigt. Die Folge sind Stress, Ärger sowie Motivationsverlust.

Wie kann man Kompetenzkonflikten vermeiden?

Die Rechte und Pflichten des Vorgesetzten und seiner Mitarbeiter sind eindeutig festzulegen, am besten schriftlich. Eine Aufgaben- und Kompetenzverteilung wird am besten schon zu Arbeitsbeginn gemacht.Aufgetretene Konflikte sollten vom

Vorgesetzten gemeinsam mit dem Team besprochen werden. Fragen, die in einer Sitzung zu besprechen sind:

- Wo treten häufig unnötigerweise Konflikte auf? Was sollten wir anders regeln?
- Was könnte uns helfen, in Zukunft besser zusammenzuarbeiten?

3.Verteilungskonflikte

Bei Verteilungskonflikten geht es um die als unfair empfundene Verteilung von Aufgaben und Ressourcen sowie von Vergünstigungen. Jemand hat Sorge, zu kurz zu kommen.

- Die Arbeitsverteilung wird als ungerecht empfunden. Der Mitarbeiter fühlt sich überfordert und so gegenüber anderen Teammitgliedern diskriminiert.
- Die Verteilung von Ressourcen wird von Teammitgliedern als ungerecht empfunden. Es geht um: Wer bekommt was und wie viel davon?

Der eine bekommt einen Geschäftswagen zur Verfügung gestellt, der andere nicht. Der eine bekommt einen neuen Laptop, der andere muss sich mit seinem alten Rechner abkämpfen. Häufig bekommt ihn nicht die Person, die ihn am dringendsten braucht, sondern die, die am besten kämpfen und debattieren kann.

Wie kann man Verteilungskonflikten vorbeugen?

Der Vorgesetzte muss versuchen faire Lösungen zu finden, und eventuellen Konflikten vorbeugen indem er auf eine faire Verteilung der Aufgaben und Ressoucen achtet.

4.Beziehungskonflikte

Anlass für Beziehungskonflikte sind oft Antipathie oder persönliche Vorurteile zwischen den Teammitgliedern. Divergente Temperamente, Arbeitsstile oder Verhaltensweisen können nerven. Beziehungskonflikte sind extrinsisch erkennbar beispielsweise durch Art und Ton der Wortwahl. Sie gehen meist mit starken Emotionen einher und sind für die Beteiligten sehr belastend.

Es geht um Themen wie:
- Wer mag wen nicht? Wer will wen besiegen?
- Wer hat mit wem noch eine Rechnung offen?

Wie kann man Beziehungskonflikten vorbeugen?

Um Beziehungskonflikte im Team muss sich der Vorgesetzte vordergründig kümmern. Manchmal reicht eine Aufforderung an mehr Toleranz. Hin und wieder ist ein Kritikgespräch mit einem Nörgler fällig. Gelegentlich hilft auch eine räumliche Trennung der Konfliktparteien.

Generell ist es bei Konflikten wichtig, die Sach- und Beziehungsebene zu unterscheiden. Bei jedem Konflikt sind immer beide Ebenen beteiligt. Wenn die Partner bei einem Konflikt erkennen, dass sich dieser nicht primär auf der Sachebene, sondern auf der Beziehungsebene abspielt, besteht die Chance für eine Lösung.Man wird versuchen müssen, den Konflikt auf dieser Ebene - in Kooperation mit anderen –

zu bewerkstelligen.

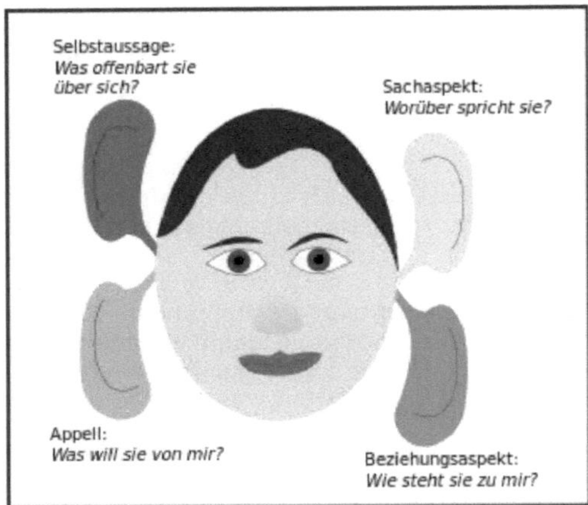

4-Ohren-Modell

Paul Watzlawick (Kommunikationswissenschaftler) gibt hier die Empfehlung, entweder beim Wechseln des Konfliktes von der Sach- auf die Beziehungsebene auszusteigen, oder aber wenigstens diesen Wechsel klar zu markieren und zu konstatieren:

"Wir verlassen jetzt die Sachebene, wir werden jetzt persönlich."

5   Führungsstile

Die klassischen 3 Führungsstile gehen auf Kurt Lewin. Er war Begründer der modernen Sozialpsychologie und dessen empirische Untersuchung.

Autoritärer Führungsstil	• Klare Trennung: Vorgesetzte entscheidet und kontrolliert; Mitarbeiter führen nur aus ->Folge ist ein distanziertes Verhältnis
Kooperativer Führungsstil	• Mitarbeiter werden in den Entscheidungsprozess mit einbezogen, Delegation ist denkbar, Fremdkontrolle wird durch Eigenkontrolle ersetzt ->Vorteile: besseres Verständnis über die Zusammenhänge, höhere Motivation
Laissez-faire Führungsstil	• Mitarbeiter haben volle Freiheit, die Entscheidung und Kontrolle liegt bei der Gruppe

Vor- und Nachteile der "klassischen" Führungsstile

Der autoritäre Führungsstil

Vorteile: Schnelle Handlungsfähigkeit. In Krisensituationen ist es wichtig, schnelle Entscheidungen können getroffenen werden. Die Verantwortung ist klar.

Nachteile: Die Mitarbeiter werden demotiviert und sehen keine Grundvoraussetzung, sich eigene Gedanken zu machen und selbst initiativ zu werden. Der Vorgesetzte wird leicht überlastet mit der Aufgabe, alles selbst entscheiden zu müssen. Fehler oder falsche Einschätzungen können die Konsequenz sein.

Der kooperative Führungsstil

Vorteile: Die Motivation der Mitarbeiter wird gefördert, weil die Ideen und Vorschläge der Mitarbeiter ernst genommen werden. Der Vorgesetzter wird entlastet. Das Arbeitsklima ist angenehmer und fördert gute Arbeitsergebnisse.

Nachteile: Es kann sein, dass es zu keinen klaren Entscheidungen kommt. In seinem Bemühen es allen recht zu machen, kann sich der Vorgesetzte im Ernstfall nicht durchzusetzen. Es kann die Disziplin darunter leiden, notwendige Beschlüsse werden so aufgeschoben.

Laissez-faire Führungsstil

(Laissez-faire kommt aus dem Französischen. Es meint „lasst machen", „einfach laufen lassen")

Vorteile: Da die Mitarbeiter selbstbestimmt mit einem großen Handlungsspielraum handeln, kann das einen motivierenden Effekt erzielen und die Mitarbeiter können ihre persönlichen Stärken einbringen.

Nachteile: Nicht jeder Mitarbeiter kann mit dem hohen Maß an Freiheit hantieren. Ohne die ordnende Hand des Vorgesetzten tritt oftmals eine Desorientierung auf.

6 Grundsätze zur Führungsarbeit

Wie wir Teamkultur leben.

Es ist ein gutes Gefühl, genau zu wissen, woran man ist und was von einem erwartet wird. Deshalb haben wir unsere Führungs- und Verhaltensgrundsätze entwickelt. Mit klaren Regeln schaffen sie Orientierung und Sicherheit. Gleichzeitig stärken sie das Miteinander, indem sie einen kollegialen Umgang fördern. So entsteht in unserem Arbeitsalltag ein ganz besonderer Spirit – wir nennen ihn Teamkultur.

Führungs- und Verhaltensgrundsätze wie oben in 1 Ausgangssituation beschrieben!

7 Situationsvergleich der Firma Kaufland Soll/ Istvergleich

Sollzustand	Istzustand
Mitarbeiter – Schulungszusage	Schulung wurde nie durchgeführt
Führungsgrundsätze laut Leitlinien	Grundsätze werden nicht eingehalten
Einstellungsentscheidungen laut Führungsgrundsätze	Einstellungen – unmittelbarer Vorgesetzter wird nicht einbezogen

8 Maßnahmen zur Verbesserung

Istzustand	Lösungsmöglichkeiten
Schulungen / Weiterbildungen wurden nie durchgeführt	Strategische Planung der Schulungen, Karriereplanung Qualitätsmanagement zur internen Weiterbildung einführen
Grundsätze werden nicht eingehalten	Auffrischungsschulung bzgl. der Grundsätze für Vorgesetzte und stichprobenartige Überprüfung
Einstellungen – unmittelbarer Vorgesetzter wird nicht einbezogen	Anwesenheit von Verantwortlichen im Bewerbungsprozess, Einbinden von Verantwortlichen von Seiten des Unternehmens bei dem der Einsatz stattfindet, Offene faire Kommunikation Betreuung in der Einarbeitungsphase

9 Mitarbeitermotivation

Im Grunde wäre es so einfach seine Mitarbeiter zu motivieren, die Durchführung im Alltag spricht leider dagegen.

Du hast deine Arbeit, wirst dafür gut bezahlt, weshalb soll ich dich noch motivieren?

Abbildung 3 Mitarbeitermotivation

Warum? Die meisten Aufgaben in einem Unternehmen sind keine reinen Routinetätig-keiten mehr. Die meisten reinen Routineaufgaben werden heutzutage längst von Ma-schinen ausgeführt. Deshalb brauchen Sie Mitarbeiter, die mitdenken:

→ **Mitarbeiter, die Ihre teure Maschine bedienen.**
Oder können Sie denen jeden Handgriff vorgeben, damit sie genau wissen, wie sie die Maschine zu bedienen haben?

→ **Mitarbeiter, die für Sie beim Kunden sind.**
Die sollen doch nicht auf Biegen und Brechen möglichst viele Ihrer Produkte verkaufen. Die sollen Ihre Kunden so betreuen, dass die auch später wieder bei Ihnen kaufen.

Motivierte Mitarbeiter zeichnet vor allem folgendes aus:

- Wunsch nach Autonomie = Sie wollen an einer Aufgabe selbständig mit möglichst hohem Maß an Freiraum arbeiten.

- Streben nach Meisterschaft = Sie wollen an einer Aufgabe wachsen. Sie wollen in einer für sie wichtigen und bedeutsamen Sache immer besser werden.

- Sinn = Was sie machen muss sinnvoll sein. Sie wollen mit dem, was sie tun, etwas Größeres als sie selbst unterstützen.

Was bedeutet das für den Unternehmer?

Setzen Sie sich nicht so sehr damit auseinander, wie Sie Ihre Mitarbeiter motivieren können, sondern achten Sie statt dessen vor allem darauf, dass Sie Ihre Mitarbeiter nicht demotivieren.

- ✔ Nicht an der Bezahlung sparen!
  Bezahlen Sie Ihre Mitarbeiter adäquat und fair.

- ✔ Konsequent und berechenbar sein!

- ✔ Kein Mikromanager werden!
  Geben Sie Ihren Mitarbeitern Entscheidungsfreiheit und führen Sie mit Zielen und Vertrauen.

- ✔ Unterstützen sie Weiterentwicklung in Ihrem Unternehmen!

- ✔ Beantworten Sie die Frage,
  warum es sich lohnt in Ihrem Unternehmen zu arbeiten!

10   Perspektiven und Ausblick

Ein tragende Eigenschaft bei der Mitarbeitermotivation ist das Führungsverhalten des Vorgesetzten. Prämien, Gehaltserhöhungen, die Auszeichnung „Mitarbeiter des Monats" oder ähnliche Belohnungssysteme greifen – wenn überhaupt – nur kurzfristig.

Der Lebensstandard ist sehr hoch und die Menschen heute haben andere Bedürfnisse als früher. Das Erleben von Autonomie, Anerkennung und Vertrauen und oft Feedback auf geleistete Arbeit, spielen eine sehr große Rolle in der Mitarbeiterführung. So fühlen sich Mitarbeiter kompetent und ernst genommen. Der Mitarbeiter muss Ziele haben, Aufgaben, die ihn herausfordern, aber nicht überfordern. Sie sollten mit dem Vorgesetzten vereinbart und in regelmäßigen Abständen überprüft werden. Hierbei sind die Schritte zur Zielerreichung extrem wichtig. Diese können zum Beispiel mehr Verantwortung und Freiraum sein. Dabei müssen die Mitarbeiter begleitet werden, der Vorgesetzte sollte präsent sein, Probleme erkennen und diese offen sprechen.

Nur informierte Mitarbeiter sind motiviert. Wissen und Information müssen innerhalb des Betriebs verteilt und den Mitarbeitern auf eine Weise verfügbar gemacht werden, dass sie organisatorische Prozesse nachvollziehbar sind und sie sich mit eigenen Anliegen und Vorschlägen einbringen können. Nur so kann Motivation aktiv gelebt werden.

Motivation ist ein nachhaltiger Prozess und sollte eine Daueraufgabe in der Führungs- und Unternehmenskultur sein. Nur wenn die Mitarbeiter permanent gefördert werden, an deren Fähigkeiten geglaubt und sie sich aktiv mit Schulungen und herausfordernden Aufgaben weiterentwickeln dürfen werden diese auch nachhaltig motiviert.

12   Quellenverzeichnis:

Abbildung 1   Gummibälle

online verfügbar unter :
http://www.schoenfeld-unternehmensberatung.de/index.php?
eID=tx_nawsecuredl&u=0&g=0&t=1440272056&hash=4beaadabdb7992c7042acbed2
6f2622dcbf59ddc&file=/uploads/pics/news-methoden-mitarbeiterfuehrung.jpg
Stand: 20.08.2015

Abbildung 2   4- Ohren-Modell
https://de.wikipedia.org/wiki/Datei:SchulzVonThunVierOhrenModell.svg
Stand: 09.10.2015

Abbildung 3   Mitarbeitermotivation
http://www.schmidt-training.de/mitarbeitermotivation-beispiele/
Stand: 09.10.2015

Präsentation zum Thema
Erfolgreich führen & zusammenarbeiten

aus den Handlungsfeldern

Mitarbeiterführung & Qualifizierung
sowie Führung und Zusammenarbeit

Ausgangssituation

Kaufland Stiftung & Co. KG in Kulmbach
beschäftigt 50 Mitarbeiter

Leitbild

- Initiative
- Leistungsbereitschaft
- Erfolg
- Entwicklung
- Verantwortung
- Vorbildfunktion

Führungsgrundsätze

- Zielvereinbarungen
- Vertrauen
- Fairness
- Verlass
- Lob
- Vorbild
- Offenheit

Verhaltensgrundsätze

- Interne Personaleinstellung
- Auswahlverfahren
- 4 Augen Prinzip
- Einarbeitung
- Feldbackgespräche
- Vereinbarung von Familie & Beruf
- Angemessene Vergütung
- Beurteilungsgespräche
- Mitarbeiterförderung
- Respekt gegenüber den Mitarbeitern

Problemstellung

DEMOTIVATION

VERTRAUENSVERLUST

Definitionen

Führung   &   Zusammenarbeit

=

TEAM

Konfliktarten

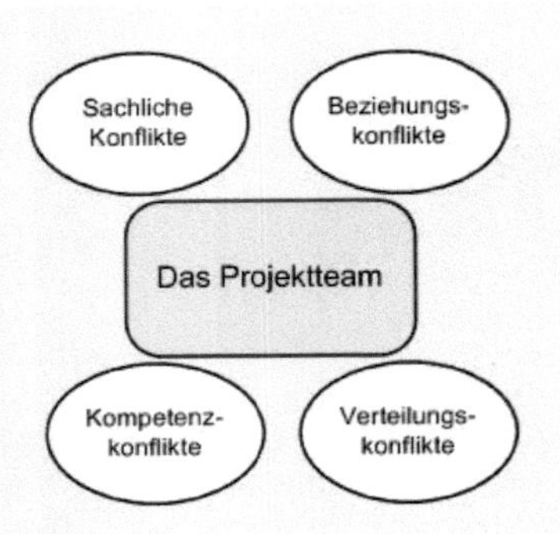

Konflikt --->>

- 2 Parteien vorhanden

- gemeinsames Konfliktfeld vorhanden

- unterschiedliche Handlungsabsichten

- Vorhandensein von Gefühlen

- gegenseitige   Beeinflussungsversuche

Vorbeugung von Konflikten

Sachkonflikt

- Konfliktregelung finden
- ausdiskutieren

Verteilungskonflikt

- faire Aufteilung der Ressourcen

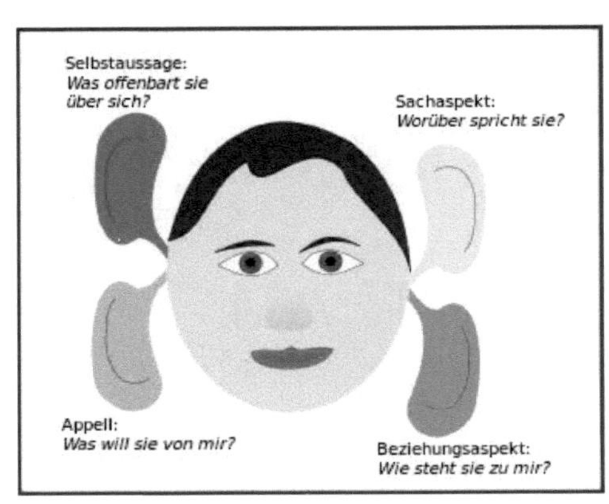

Kompetenzkonflikt

- Rechte & Pflichten im Vorab festlegen
- Aufgabenverteilung

Beziehungskonflikt

- Toleranz fordern
- Kritikgespräch

https://de.wikipedia.org/wiki/Datei:SchulzVonThunVierOhrenModell.svg

Generell sind
Sach- und Beziehungsebene zu
trennen!!

Führungsstile

Führungsstile	Vorteile	Nachteile
Autoritär	Klare Verantwortungs-bereiche, schnelle Handlungsfähigkeit	Distanziertes Dienstverhältnis
Kooperativ	Mitarbeiter an Entscheidungen beteiligt, Eigenkontrolle der Mitarbeiter, Motivation, Entlastung der Vorgesetzten	Durchsetzungsprobleme, Entscheidungs-schwierigkeiten der Vorgesetzten
Laissez-faire	Entscheidungsfreiheit der Mitarbeiter, individuelle Stärken werden gefördert	Orientierungslosigkeit, Hilflosigkeit

Grundsätze zur Führungsarbeit
Soll / Istvergleich

Sollzustand   Istzustand

Mitarbeiter – Schulungszusage	nie durchgeführt
Führungsgrundsätze einhalten	nicht eingehalten
Einstellungsentscheidungen laut Grundsätzen	keine Einbeziehung

Erfolgreich motivieren

WARUM?

Motivierte Mitarbeiter tragen zum Unternehmenserfolg bei!!!

Motivierte Mitarbeiter ....

.... haben den Wunsch nach Autonomie

.... wollen an Aufgaben wachsen

.... wollen etwas sinnvolles tun

Motivierte Mitarbeiter durch....

Faire Bezahlung

Konsequentes aber
faires Verhalten

Kein Mikromanager
sein

Geben sie den Mitarbeitern
Gründe warum es sich lohnt
dort zu arbeiten

Die Weiterbildung im Unternehmen
unterstützen

Perspektiven und Ausblick

Motivation ist eine nachhaltiger Prozess und funktioniert nur dann,
wenn die Mitarbeiter:

- Autonomie
- Anerkennung
- Feedback

bekommen, sowie der Informationsfluss nicht stagniert.

BEI GRIN MACHT SICH IHR WISSEN BEZAHLT

- Wir veröffentlichen Ihre Hausarbeit, Bachelor- und Masterarbeit

- Ihr eigenes eBook und Buch - weltweit in allen wichtigen Shops

- Verdienen Sie an jedem Verkauf

Jetzt bei www.GRIN.com hochladen und kostenlos publizieren